RICHTIG 2
Rechtschreiben

Das Abc üben

Wörter nach dem Abc ordnen

1 Lies die Wörter und verbinde sie mit ihrem Anfangsbuchstaben. Kreise immer den Anfangsbuchstaben ein.

A	a	
B	b	aber
C	c	Buch
D	d	Dose
E	e	Flasche
F	f	Gurke
G	g	Insel
H	h	kaufen
I	i	lang
J	j	mein
K	k	Nase
L	l	Post
M	m	Saft
N	n	tanzen
O	o	
P	p	
Qu	qu	
R	r	
S	s	
T	t	
U	u	
V	v	
W	w	
X	x	
Y	y	
Z	z	

Diese 13 Buchstaben bleiben übrig:

C,

Wörter richtig aufschreiben

2 Markiere vier Wörter auf Seite 2, die für dich schwierig sind.
Schreibe **deine Übungswörter** viermal untereinander auf.

3 Schreibe **deine Übungswörter** so oft wie möglich in die Rahmen.

Wörter nach dem Abc geordnet aufschreiben

4 Schreibe die Wörter zu den passenden Buchstaben.

A Ampel

B

C

D

E

F

G

H

I

J

K

L

M

N

O

P

Qu

R

S

T

U

V

W

X

Y

Z

Wenn ich diese Wörter deutlich spreche, höre ich den ersten Buchstaben.

5 Markiere die Anfangsbuchstaben der Wörter.
Ordne die Wörter nach dem Abc.

Dach Feder Eis

Dach

Tier Schaf Raupe

Winter Vater Unfall

Milch Loch Käse

Oma Nase Papa

Hase Geist Fenster

Mama Licht Nagel

Tochter Seife Rose

Wörter nach dem Abc geordnet aufschreiben

6 Ordne die Wörter nach dem Abc.

A	a
B	b
C	c
D	d
E	e
F	f
G	g
H	h
I	i
J	j
K	k
L	l
M	m
N	n
O	o
P	p
Qu	qu
R	r
S	s
T	t
U	u
V	v
W	w
X	x
Y	y
Z	z

Mama ich klein

ich

klein

______

wir Maus gut

______

______

______

laufen auch Haus

______

______

______

Raupe viel uns

______

______

______

Markt Frau kaufen

______

______

______

singen Opa unter

______

______

______

KV 1, 2

Lerngespräch

Ich kann Wörter nach dem Abc ordnen.

1 Ordne die Namen nach dem Abc.

Finn Doris Lea Tobi Amal Silas Emre

Amal, ______________________

____

Ich kann fehlende Buchstaben im Abc ergänzen.

2 Sprich das Abc und ergänze die fehlenden Buchstaben.
Trage das Lösungswort ein.

P	M	J	___ (2)	P	S	C
Qu	___ (3)	K	P	Qu	___ (5)	D
R (7)	O	L	Qu	R	U	___ (6)
S	P	___ (1)	R	___ (4)	V	F

1	2	3	4	5	6	7
						R

Abschreiben richtig lernen

Wörter mit einer Silbe abschreiben

1 Lies das Wort.

2 Sprich das Wort deutlich.

3 Schreibe das Wort auf.

4 Vergleiche das Wort
mit der Vorlage.

1 Schreibe die Wörter ab. Beachte die einzelnen Schritte.

Hals ____________ Ast ____________

Frau ____________ Gast ____________

Gras ____________ Brot ____________

2 Schreibe die Wörter ab. Beachte die einzelnen Schritte.

kalt	blau	rot	klein	nun

schön	grün	treu	zwei	neu

KV 3

Wörter mit mehreren Silben abschreiben

1 Lies das Wort.

2 Sprich das Wort deutlich in Silben.

3 Schreibe das Wort auf.

4 Vergleiche das Wort mit der Vorlage.

3 Sprich die Wörter in Silben und male Silbenbögen. Schreibe die Wörter ab.

Mama	Mama	Gabel	
Garten		Karte	
Käse		Pause	
Tante		Reise	

4 Male Silbenbögen unter die Wörter und schreibe sie ab.

baden	kaufen	kleben	heben
Banane	Minute	Rakete	Paprika

KV 4

Wörter mit schwierigen Stellen abschreiben

1 Lies das Wort.

2 Markiere die schwierige Stelle.

3 Schreibe das Wort auf.

4 Vergleiche das Wort mit der Vorlage.

Wenn ich mir schwierige Stellen in Wörtern merke, kann ich die Wörter besser schreiben.

5 Schreibe die Wörter ab. Beachte die einzelnen Schritte.

Zoo	Uhr
Wecker	Katze
Fuß	See
Qualm	Baby

6 Suche dir vier Wörter aus.
Schreibe **deine Übungswörter** so oft wie möglich in den Teich.

Sätze abschreiben

1 Lies den Satz.

2 Sprich die Wörter deutlich in Silben.

3 Markiere schwierige Stellen in den Wörtern.

4 Schreibe den Satz Wort für Wort auf.

5 Vergleiche deine Wörter mit der Vorlage.

7 Schreibe die Sätze ab.
Beachte die einzelnen Schritte.

Die Hexe backt Kuchen.

Die

Susi geht in den Zoo.

Der Fuchs schleicht um den Stall.

Mein Bruder hat eine coole Jeans an.

KV 5

Einen Text abschreiben

8 Lies das Gedicht.
Markiere schwierige Stellen
in den Wörtern.
Schreibe das Gedicht ab.

Verkehrsschild

Wollen wir malen?
Du und ich?
Du malst ein Dreieck,
ich einen Strich.

Dein Dreieck ist rot.
Mein Strich springt hinein.
Das Zeichen ist fertig.
Was mag es wohl sein?

Hildegard Wohlgemuth

Lerngespräch

Ich kann kurze Wörter, lange Wörter, Sätze und Texte abschreiben.
Dabei denke ich an die einzelnen Schritte.

1 Trage die Wörter ein.

Silbenbögen Wort markiere

Ich schaue mir jedes ______ ganz genau an.

Unter längere Wörter male ich ______ .

Schwierige Stellen in Wörtern ______ ich.

Ich kann einen Text abschreiben.

2 Schreibe den Text ab.

Besuch
Susi hat ihre Freunde eingeladen.
Alle spielen zusammen im Haus.
Später spielen die Kinder im Garten.

Richtig fit!

1 Ordne die Wörter nach dem **Abc**.

Garten eine lang

eine

Lampe kurz Bürste

lernen Arbeit rechts

Torte werfen sieben

Schule baden unten vor

Luft neben Durst ihm

KV 1, 2

2 Schreibe die Wörter ab. Beachte die einzelnen Schritte.

Hut Hut

Wolke

Boden

Hose

Tafel

Name

Felsen

Haus

3 Schreibe die Sätze ab. Denke an die einzelnen Schritte.

Oma kocht Suppe.

Papa holt den Hund.

Der Ball fliegt hoch.

Morgen gehen wir in den Zoo.

Die Ente schwimmt auf dem Teich.

KV 3–5

Nomen und Satzanfänge großschreiben

Die Lupe

Heute ist Tante Ute da.
Papa kauft Kuchen.
Tante Ute hat eine kleine Dose in der Tasche.
Ich mache die Dose auf.
In der Dose ist ein Becher mit einer Lupe.
Ich lege eine Blume in den Becher.
Mit der Lupe sehe ich die Blume an.
Das ist super.

Wörter in Silben gliedern 

1 Male Silbenbögen unter die Nomen.
Schreibe die Nomen in Silben auf.

Wenn ich Wörter in Silben gliedere, kann ich sie besser schreiben.

Lupe	Lu	pe	Papa	______	______
Kuchen	______	______	Tante	______	______
Dose	______	______	Tasche	______	______
Becher	______	______	Blume	______	______

Richtig abschreiben

2 Markiere vier Wörter auf Seite 16, die für dich schwierig sind.
Schreibe **deine Übungswörter** viermal untereinander auf.

3 Suche dir drei Sätze aus dem Text aus und schreibe sie ab.

Diese Wörter muss ich noch üben:

Nomen großschreiben

4 Schreibe die Nomen auf.

Wenn ich **ein** oder **eine** vor ein Wort setzen kann, schreibe ich das Wort groß.

ein Becher

eine ______

eine ______

eine ______

ein ______

eine ______

5 Setze die Nomen aus Aufgabe 4 in den Text ein.

Die Lupe

Heute ist Tante Ute da.

Papa kauft Kuchen.

Tante Ute hat eine kleine Dose in der ______.

Ich mache die ______ auf.

In der Dose ist ein ______ mit einer ______.

Ich lege eine ______ in den Becher.

Mit der ______ sehe ich die Blume an.

KV 6

Nomen erkennen und richtig aufschreiben A?a

6 Suche die Nomen und schreibe sie richtig auf.

~~kuchen~~ im haus vor kauft hose
maus rose flasche tisch malt fisch auf

ein Kuchen — eine ______
ein ______ — eine ______
ein ______ — eine ______
ein ______ — eine ______

Satzanfänge großschreiben A?a

7 Setze die passenden Satzanfänge ein.

mit ich Tante ich
~~heute~~ in Papa

Heute ist Tante Ute da.
______ kauft Kuchen.
______ Ute hat eine kleine Dose in der Tasche.
______ mache die Dose auf.
______ der Dose ist ein Becher mit einer Lupe.
______ lege eine Blume in den Becher.
______ der Lupe sehe ich die Blume an.

KV 7

Satzanfänge großschreiben

8 Setze die passenden Satzanfänge ein.

in ~~Papa~~ ich mit das in

Papa kauft Kuchen.

_______ der Tasche ist eine kleine Dose.

_______ mache die Dose auf.

_______ dem Becher ist eine Lupe.

_______ der Lupe sehe ich eine Blume an.

_______ ist super.

9 Markiere jeden Punkt in Aufgabe 8.
Zähle die Sätze.

Ich habe _____ Sätze gezählt.

10 Suche Wörter, die für dich schwierig sind.
Schreibe **deine Übungswörter** so oft wie möglich in das Labyrinth.

Lerngespräch

Ich kann Nomen und Satzanfänge großschreiben. ✓

Erkläre mal, warum du **Tasche** großschreibst.

Tasche schreibe ich groß, weil ich **eine** davor setzen kann: **eine** Tasche.

1 Trage die Wörter ein.

Nomen	Punkt	groß	ein	eine

Wenn ich ________ oder ________

vor ein Wort setzen kann, schreibe ich dieses Wort groß.

Wörter, die ich großschreibe, heißen ________ .

Ich setze einen ________ am Ende des Satzes.

Das erste Wort in einem Satz schreibe ich ________ .

2 Markiere das richtige Wort und trage es ein.

Heute ist ________ Ute da.		Tante	tante
Wir essen einen ________ .		kuchen	Kuchen
Tante Ute hat eine ________ .		Tasche	tasche
Ich mache die ________ auf.		dose	Dose
Ich lege eine ________ in den Becher.		Blume	blume
Ich sehe durch eine ________ .		lupe	Lupe

Test 1

Nomen in der Mehrzahl

Die Banane

Lina und Timo kaufen für Mama ein.
Sie haben eine Liste.
Sie kaufen eine Kiwi, eine Gurke und Tomaten.
Sie holen noch eine Melone und zwei Zitronen.
Timo möchte eine Banane haben.
Bananen stehen nicht auf der Liste.
Aber Lina hat einen Euro und kauft noch eine Banane.
Sie teilen die Banane.

Wörter in Silben gliedern

1 Male Silbenbögen unter die **Nomen**.
Schreibe die **Nomen** in Silben auf.

Mama	Ma	ma	Gurke	______	______	
Liste	______	______	Euro	______	______	
Kiwi	______	______	Zitrone	______	______	______
Flasche	______	______	Banane	______	______	______
Lina	______	______	Tomate	______	______	______
Blume	______	______	Melone	______	______	______

Richtig abschreiben

2 Markiere vier Wörter auf Seite 22, die für dich schwierig sind.
Schreibe **deine Übungswörter** viermal untereinander auf.

3 Suche dir drei Sätze aus dem Text aus und schreibe sie ab.

Diese Wörter muss ich noch üben:

Einzahl und Mehrzahl zuordnen A?a

4 Verbinde die Nomen in der Einzahl mit den passenden Nomen in der Mehrzahl.

Wenn ich **ein**, **eine** oder **viele** vor ein Wort setzen kann, schreibe ich das Wort groß.

 eine Melone	viele Tische
 ein Tisch	viele Melonen
 eine Liste	viele Bananen
 eine Banane	viele Autos
 ein Auto	viele Listen
 eine Blume	viele Euros
 ein Euro	viele Blumen

5 Trage die Nomen aus Aufgabe 4 in die Tabelle ein. Markiere die Endung in der Mehrzahl.

Einzahl	Mehrzahl
eine Melone	viele Melonen

6 Schreibe die fehlenden Nomen auf.
Markiere die Endung in der Mehrzahl.

Einzahl	**Mehrzahl**
eine Liste	viele Listen
ein Opa	viele
eine	viele Gurken
ein Schaf	viele
eine	viele Lupen
ein Fisch	viele

7 Markiere die Nomen in den Sätzen.
Schreibe sie in der Einzahl und in der Mehrzahl auf.

Die Blume ist schön.	eine viele
Sie haben eine Liste.	eine viele
Sie kaufen einen Fisch.	ein viele
Die Flasche ist grün.	eine viele

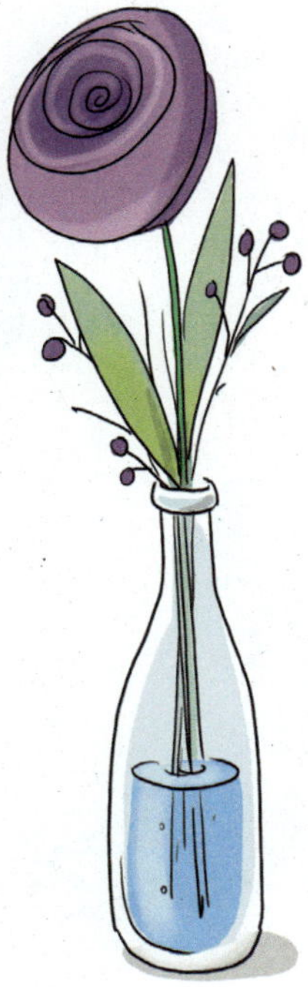

Nomen erkennen und aufschreiben

8 Suche die Nomen und schreibe sie richtig auf.

blume	rot	eine	
aber	schaukel	eine	
hut	mit	ein	
im	autos	viele	
torten	lila	viele	
grün	melonen	viele	
löwen	und	viele	

9 Suche Wörter, die für dich schwierig sind.
Schreibe **deine Übungswörter** so oft wie möglich in das Labyrinth.

Lerngespräch

Ich kann Nomen in der Einzahl und Mehrzahl großschreiben. ✓

1 Trage die Wörter ein.

Nomen	viele	Mehrzahl	ein	eine

Nomen erkenne ich, wenn ich ________ oder

________ oder ________ vor ein Wort setzen kann.

________ schreibe ich groß.

Ich kann Nomen auch in der ________ bilden.

2 Suche die vier Nomen.
Schreibe sie richtig in der Einzahl und in der Mehrzahl auf.

~~kiwis~~ habe euros aus mit gehen
rufen tafel und unter lampe neben sagen

Einzahl (ein oder eine)	Mehrzahl (viele)
eine	viele Kiwis

Richtig fit!

1 Verbinde die Silben. Schreibe die Nomen auf.

Pa	Lu	Be	Tan	Fla	Blu	Ku	Do	Ta
cher	pa	pe	te	sche	me	sche	chen	se

Papa

2 Setze die Nomen aus Aufgabe 1 in die Sätze ein.

In dem Becher ist eine ______________ .

Tante Ute hat viele ______________ .

Auf dem Tisch ist ein ______________ .

Ich schenke dir viele ______________ .

3 Setze die fehlenden Satzanfänge richtig ein.

mit in das ich

______________ der Dose ist ein Becher mit einer Lupe.

______________ lege eine Blume in den Becher.

______________ der Lupe sehe ich die Blume an.

______________ ist super.

4 Schreibe die Nomen in der Einzahl und in der Mehrzahl auf. A?a

Einzahl	**Mehrzahl**

eine Tomate	viele

5 Setze die passenden Nomen ein. A?a

Mama hat ein schönes ______________ .

Uli hat viele ______________ .

Ich kaufe drei ______________ .

Peter findet zwei ______________ .

Papa holt eine ______________ .

Auto	Autos
Liste	Listen
Zitrone	Zitronen
Muschel	Muscheln
Dose	Dosen

Wörter mit ie

Die Wiese

Auf der Wiese blühen Blumen.
Ich sehe viele Tiere auf der Wiese.
Im Gras sind Fliegen.
Raupen kriechen auf den Blüten.
Bienen fliegen zu den Blumen.
Am Zaun stehen Ziegen.
Auf der Wiese sind sieben Kinder.

Wörter mit ie in Silben gliedern

1 Male Silbenbögen unter die Wörter.
Schreibe die Wörter in Silben auf.

Wenn man ein **i** lang spricht, schreibt man meistens **ie**.

Wiese — Wie se

viele ______ ______

Fliegen ______ ______

Bienen ______ ______

Ziegen ______ ______

Tiere ______ ______

kriechen ______ ______

fliegen ______ ______

sieben ______ ______

Richtig abschreiben

2 Markiere vier Wörter auf Seite 30, die für dich schwierig sind. Schreibe **deine Übungswörter** viermal untereinander auf.

3 Suche dir drei Sätze aus dem Text aus und schreibe sie ab.

Diese Wörter muss ich noch üben:

Wörter mit **ie**

4 Markiere die Wörter mit **ie**. Schreibe die Wörter auf.

Die Kinder schreiben Briefe. 2 Wörter

Die, Briefe

Viele Tiere laufen über die Wiese. 4 Wörter

Wir kaufen bunte Fliesen. 1 Wort

Sieben Raben fliegen durch die Luft. 3 Wörter

Die Ziegen lieben frisches Gras. 3 Wörter

5 Suche Wörter, die für dich schwierig sind.
Schreibe **deine Übungswörter** so oft wie möglich in das Labyrinth.

KV 12

Lerngespräch

Ich kann Wörter mit ie richtig schreiben. ✓

1 Trage die Wörter ein.

mit **ie** lang spreche

Wenn ich ein **i** ______, schreibe ich meistens **ie**.

Ich kann Wörter ______ richtig schreiben.

2 Streiche die falsch geschriebenen Wörter durch und schlage sie im Wörterbuch nach. Schreibe die Seite auf. Schreibe dann die Wörter richtig auf.

Die ~~Zigen~~ laufen nach Hause. Seite ______

Siben Jungen schieben den Wagen. Seite ______

Vier Schafe ligen am Baum. Seite ______

Vile Nudeln liegen in dem Sieb. Seite ______

Möwen fligen über die Wiese. Seite ______

Mama und Ronja holen eine Lige. Seite ______

Si liegen auf der Wiese. Seite ______

Test 3

Nomen verlängern

Ein schöner Tag

Lisa und Lars machen einen Ausflug.
Sie wandern auf einen Berg.
Auf der Wiese sehen sie einen Hund.
Der Weg hinter der Wiese ist schmal.
Da hören sie, wie ein Kind ruft.
Nun gehen sie über ein Feld.
Da sehen Lisa und Lars ein Schild.
Zur Burg sind es nur noch 100 Meter.
Oben rauscht der Wind.
Das ist schön.

Nomen mit g und d am Ende

1 Unterstreiche im Text
alle Nomen mit d am Ende rot
und alle Nomen mit g am Ende orange.

2 Schreibe die Nomen auf.

Nomen mit d	Nomen mit g

Richtig abschreiben

3 Markiere vier Wörter auf Seite 34, die für dich schwierig sind.
Schreibe **deine Übungswörter** viermal untereinander auf.

4 Suche dir drei Sätze aus dem Text aus und schreibe sie ab.

Diese Wörter muss ich noch üben:

Nomen mit d am Ende verlängern

5 Verlängere die Nomen. Bilde die Mehrzahl.
Schreibe die Wörter richtig auf.

Hun?	→ viele	Hunde	also	Hund
Kin?	→ viele		also	
Fel?	→ viele		also	
Schil?	→ viele		also	
Win?	→ viele		also	
Lie?	→ viele		also	
Rin?	→ viele		also	

Nomen mit g am Ende verlängern

6 Verlängere die Nomen. Bilde die Mehrzahl.
Schreibe die Wörter richtig auf.

Bur?	→ viele	Burgen	also	Burg
Ber?	→ viele		also	
Ta?	→ viele		also	
Zwei?	→ viele		also	
Rin?	→ viele		also	
We?	→ viele		also	

Nomen mit d und g am Wortende verlängern

7 Verlängere die Nomen. Bilde die Mehrzahl.
Schreibe die Wörter richtig auf.

Klei?	→ viele	Kleider	also	Kleid
Zwei?	→ viele		also	
Hun?	→ viele		also	
Bil?	→ viele		also	
Sie?	→ viele		also	
Zwer?	→ viele		also	
Pfer?	→ viele		also	

8 Schreibe die passenden Nomen auf.

9 Verlängere die Nomen. Setze **d** oder **g** ein.

Tom und sein Freun<u>d</u> machen eine Reise.	viele	Freunde
Sie wandern auf einen Ber___ .	viele	
Paul hat seinen Hun___ mit.	viele	
Der We___ ist sehr steil.	viele	
Oben sehen sie eine Bur___ .	viele	
Aber es ist zu viel Win___ .	viele	

10 Suche Wörter, die für dich schwierig sind.
Schreibe **deine Übungswörter** so oft wie möglich in das Labyrinth.

KV 13, 14

Lerngespräch

Ich kann Wörter mit d und g am Wortende richtig schreiben.

1 Trage die Wörter ein.

Wortende   Mehrzahl   d und g

Ich kann Nomen mit ______ am Wortende verlängern.

Wenn ich die ______ bilde,

höre ich den Buchstaben am ______ genau.

2 Streiche die falsch geschriebenen Wörter durch.
Schreibe sie richtig auf.

Mama hat ein buntes ~~Kleit~~ an. ______

Heute ist ein schöner Tak. ______

Oma hat ein neues Bilt. ______

Lisa und Lars wandern auf einen Berk. ______

Es ist ein schönes Felt. ______

Sie sehen einen Hunt. ______

Richtig fit!

1 Schreibe die Nomen mit **ie** auf.

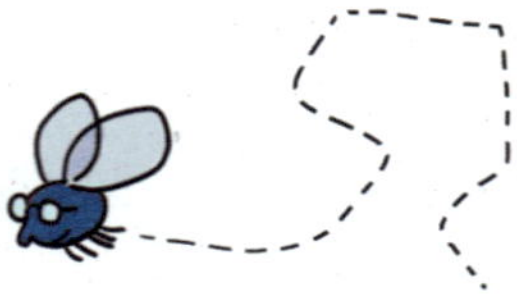

2 Verbinde die passenden Silben.
Schreibe die Wörter mit **ie** auf.

Rie	ben
sie	se
vie	ne
Bie	le
flie	be
Wie	chen
krie	se
Lie	gen

3 Verlängere die Nomen. Bilde die Mehrzahl.
Schreibe die Wörter richtig auf. →

Kin?	→ viele	Kinder	also	Kind
Schil?	→ viele		also	
We?	→ viele		also	
Lie?	→ viele		also	
Bur?	→ viele		also	
Fel?	→ viele		also	
Win?	→ viele		also	

4 Verlängere die Wörter.
Markiere das richtige Wort und schreibe es auf. →

Ein Zweig liegt auf der Wiese.	Zweik	Zweig
Wir hören ein schönes ______ .	Liet	Lied
Wir haben eine grüne ______ .	Bank	Bang
Der Topf steht auf dem ______ .	Hert	Herd
Wir kaufen frisches ______ .	Brot	Brod
Der ______ heult laut.	Wint	Wind
Die Kinder jubeln über ihren ______ .	Siek	Sieg
Wir malen ein riesiges ______ .	Bilt	Bild
Heute ist ein schöner ______ .	Tak	Tag

KV 13, 14

Nomen ableiten

Der Ausflug

Wir wandern zu einem Bach im Wald.
Viele Kinder haben einen Hut auf.
Auf dem Weg rascheln die Blätter.
In den Bäumen singen Vögel.
Susi und Anna überlegen, ob es auch Wölfe gibt.
Paul hat einen Apfel in der Hand.
Er wirft den Apfel über den Zaun.
Dort stehen Kühe.
Aber Kühe mögen keine Äpfel.

Nomen in der Einzahl und in der Mehrzahl

1 Schreibe die Wörter in der Einzahl auf.

Einzahl	Mehrzahl
ein Bach	viele Bäche
	viele Blätter
	viele Hüte
	viele Kühe
	viele Wölfe
	viele Vögel
	viele Bäume
	viele Zäune

2 Markiere den Selbstlaut, der sich in der Mehrzahl verändert.

Richtig abschreiben

3 Markiere vier Wörter auf Seite 42, die für dich schwierig sind.
Schreibe **deine Übungswörter** viermal untereinander auf.

4 Suche dir drei Sätze aus dem Text aus und schreibe sie ab.

Diese Wörter muss ich noch üben:

Nomen mit ä und äu

5 Leite die Nomen mit **ä** ab.

	kommt von		also mit
Bäche	↯	Bach	→ ä
Äpfel	↯		→
Wände	↯		→
Wälder	↯		→
Kästen	↯		→
Hände	↯		→
Gänge	↯		→

Wenn ich nicht weiß, ob ein Nomen mit **ä** oder **e** geschrieben wird, muss ich es ableiten. Ich bilde die Einzahl: **Bäche ↯ Bach** also mit → **ä.**

6 Leite die Nomen mit **äu** ab.

	kommt von		also mit
Bäume	↯	Baum	→ äu
Zäune	↯		→
Häuser	↯		→
Schläuche	↯		→
Bäuche	↯		→
Mäuse	↯		→
Sträucher	↯		→

Wenn ich nicht weiß, ob ein Nomen mit **äu** oder **eu** geschrieben wird, muss ich es ableiten. Ich bilde die Einzahl: **Bäume ↯ Baum** also mit → **äu**.

KV 15, 16

Lerngespräch

Ich kann Nomen in die Mehrzahl setzen und den Selbstlaut ändern. ✓

1 Schreibe die Nomen in der Mehrzahl auf.

aus **a** wird ein **ä**: ein Garten → viele ______

eine Nacht → viele ______

aus **u** wird ein **ü**: eine Mutter → viele ______

ein Zug → viele ______

aus **o** wird ein **ö**: ein Dorf → viele ______

ein Korb → viele ______

Ich kann Nomen mit ä und äu ableiten und richtig schreiben. ✓

2 Trage die Wörter richtig ein.

Schrank Traum Baum Zaun

		kommt von	
Papa will die ______ streichen.		↯	______
In der Klasse stehen viele ______ .		↯	______
Opa schneidet die ______ .		↯	______
Nachts habe ich schöne ______ .		↯	______

Test 5

Wörter mit doppeltem Mitlaut

Das Wochenende

Der Himmel ist blau. Die Sonne scheint.
Tino ist mit seinem Roller im Garten.
Oma räumt in der Küche
die Teller und Tassen in den Schrank.
Mia legt die Löffel und Messer in den Kasten.
Oma will Suppe kochen.
Niko liegt in der Wippe. Er spielt mit seiner Puppe.
Papa räumt die Zimmer auf.
Er legt die Kissen und die Betten auf den Balkon.
Aber was macht Opa mit dem Hammer?

Nomen mit doppelten Mitlauten aufschreiben

1 Schreibe die Nomen mit doppelten Mitlauten auf.

mm

Himmel

ss

nn

tt

pp

ll

ff

Richtig abschreiben

2 Markiere vier Wörter auf Seite 46, die für dich schwierig sind. Schreibe **deine Übungswörter** viermal untereinander auf.

3 Suche dir drei Sätze aus dem Text aus und schreibe sie ab.

Diese Wörter muss ich noch üben:

Die richtigen doppelten Mitlaute einsetzen

4 Setze die richtigen doppelten Mitlaute ein.
Schreibe die Nomen geordnet auf.

 Su p p e
 Ta___ ___e
 Ta___ ___e
 So___ ___e
 Pu___ ___e
 Me___ ___er
 Wi___ ___e
 Ki___ ___en
 Ka___ ___e

ss	nn	pp

5 Setze die richtigen doppelten Mitlaute ein.

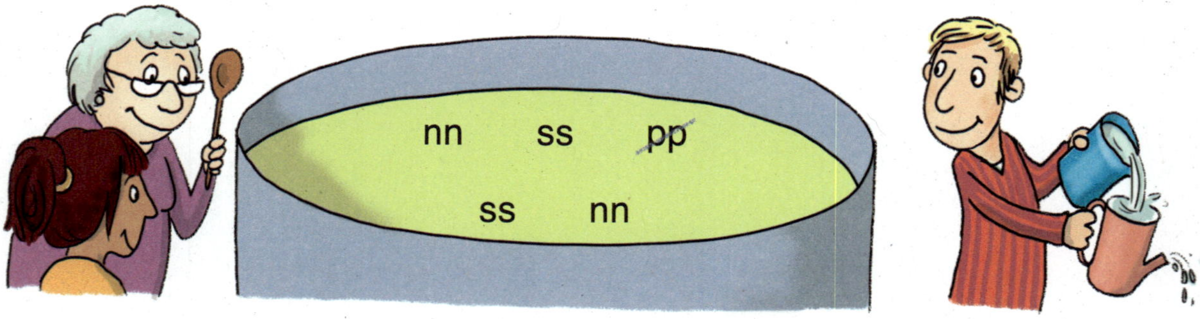

Oma kocht Su p p e.

Mutter legt Salat in die Schü___ ___el.

In der Pfa___ ___e brutzelt ein Schnitzel.

Papa gießt Wa___ ___er in die Ka___ ___e.

Lerngespräch

Ich kann Nomen mit doppeltem Mitlaut richtig schreiben. ✓

1 Setze die richtigen doppelten Mitlaute ein.

 Wa__ __e  Wo__ __e

 Schli__ __en  Ri__ __er

 Fla__ __e  Kä__ __e  Wa__ __el

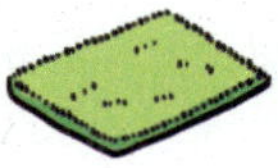 Ma__ __e  Kü__ __e

2 Setze die passenden Nomen mit doppeltem Mitlaut ein.

Klasse Mittag Wasser Sommer Schatten Treppe

Im ______ ist es oft sehr warm.

Bis zum ______ schwitzen die Kinder

in der ______ .

Nora hat eine große Flasche ______ dabei.

In der Pause laufen alle die ______ hinunter.

Viele Kinder setzen sich in den ______ .

Richtig fit!

1 Leite die Nomen mit **ä** ab. 

		kommt von		also mit
	Räder	↯	Rad	→ ä
	Bäder	↯		→
	Väter	↯		→
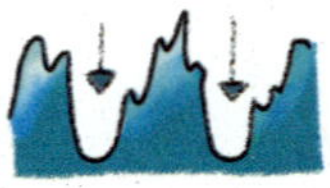	Täler	↯		→
	Bänder	↯		→
	Hände	↯		→

2 Leite die Nomen mit **äu** ab. 

	kommt von			also
B äu me	↯	Baum	→	Bäume
Tr äu me	↯		→	
Str äu cher	↯		→	
Str äu ße	↯		→	
L äu se	↯		→	

KV 15, 16

3 Schreibe die Wörter mit den doppelten Mitlauten auf.

Te _ _ er
Teller

A _ _ e

Wo _ _ e

Schli _ _ en

Schlü _ _ el

Ko _ _ er

Tro _ _ el

Wa _ _ e

Ri _ _ er

4 Setze die richtigen doppelten Mitlaute ein.

Lukas kauft Karto_ _eln auf dem Markt.

Mama schlägt mit dem Ha_ _er auf einen Nagel.

Der Hausmeister fegt die Blä_ _er zusammen.

Tante Lotti sitzt im Se_ _el und liest ein Buch.

Kilian putzt seinen Ro_ _er.

Fatma sitzt auf der großen Wi_ _e.

ll
ss
pp
mm
tt
ff

Für Profis

1 Ordne die Namen nach dem **Abc**.

○	1	○	○	○	○
Boris	Ali	Hassan	Gina	Lena	Kira
○	○	○	○	○	○
Nico	Teresa	Patrik	Olga	Sahil	Uli

2 Schreibe die Namen nach dem **Abc** geordnet auf.

3 Schreibe die Wörter und den Satz ab. Beachte die einzelnen Schritte.

Frosch und Monster
Frosch und Monster gehen
Frosch und Monster gehen ins
Frosch und Monster gehen ins Kino.

4 Unterstreiche die Nomen blau und die Satzanfänge rot.

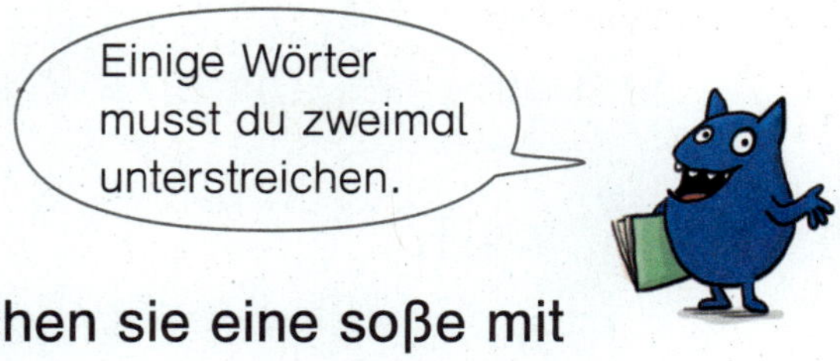

oma und jonas kochen nudeln. dazu machen sie eine soße mit tomaten. jonas schneidet tomaten und paprika. oma schneidet zwiebeln. das mag jonas nicht. auf das gemüse kommt dann noch ganz viel käse.

5 Schreibe den Text von Aufgabe 4 richtig auf.

6 Setze die passenden Wörter mit **ie** in die Sätze ein.

Auf der ______ ist das Gras nass.

Die kleine ______ stört das nicht.

In der Blüte sehe ich eine ______.

Mama legt sich mit einem Buch auf die ______.

7 Schreibe die Nomen in der Einzahl und in der Mehrzahl auf.

 ein ____ – viele ____

 ein ____ – viele ____

 eine ____ – viele ____

 ein ____ – viele ____

 ein ____ – viele ____

8 Schreibe die Nomen mit den doppelten Mitlauten geordnet auf.

Kanne Hammer Klasse Wanne Rolle
Tasse Wippe Klammer Lippe Wolle

ll ____

nn ____

mm ____

ss ____

pp ____

9 Suche zu jedem doppelten Mitlaut ein weiteres Wort und schreibe es dazu.

10 Schreibe einen Satz mit vielen Wörtern mit doppeltem Mitlaut.

____

____

Die Klasse 2 schreibt ein Geschichtenbuch.
Pascal möchte seinen Text ohne Fehler abgeben.

11 Streiche die falsch geschriebenen Wörter durch.
Schreibe die Sätze richtig auf.

Ich habe einen ~~hund~~. 1 Fehler

mein Hunt heißt Rudi. 2 Fehler

Rudi ligt gern in der Sone. 2 Fehler

Auf dem Hof hat er eine Hüte. 1 Fehler

Oft gehen wir mit rudi in den Walt. 2 Fehler

dort rast er um die Beume herum. 2 Fehler

Am Sonntak hat er eine rote schleife um. 2 Fehler

KV 17–21

Konzeption

Individuell lernen ...

Passend zu den aktuellen Bildungsplänen üben die Kinder mit den neuen RICHTIG-Übungsheften individuell und kompetenzorientiert. Wiederkehrende Aufgabenformate und die Vermittlung zentraler Strategien ermöglichen selbstständiges Üben in den einzelnen Lernbereichen. Selbsteinschätzungsmöglichkeiten neben den Aufgaben und Lerngesprächsseiten am Ende der Kapitel fördern das selbstreflexive Lernen. Auf den Lerngesprächsseiten, die selbst auch Übungscharakter haben, führen Frosch und Monster Impuls-Dialoge, die aufgegriffen werden können. Kompetenzformulierungen in einem hervorgehobenen Kasten bieten den Kindern Lernzieltransparenz und Formulierungsmuster.

Alle Hefte folgen dem gleichen Grundaufbau, der zur leichten Orientierung mit kleinen Balken gekennzeichnet ist:

- Richtig wiederholen
- Richtig üben
- Richtig können

Richtig wiederholen
Alle RICHTIG-Hefte beginnen mit Wiederholungskapiteln bzw. Kapiteln, die grundlegende Arbeits- und Lerntechniken vermitteln, um die Kinder aus dem vorangegangenen Schuljahr abzuholen. Nach jeweils zwei Kapiteln wiederholen und festigen die Kinder außerdem das bisher Gelernte auf den Richtig-fit-Seiten.

Richtig üben
Dies sind die Kernkapitel der Hefte. Hier werden die Kompetenzen und Strategien vermittelt, geübt und angewendet.

Richtig können
Am Ende der Hefte stehen immer die Profi-Seiten. Hier werden wesentliche Inhalte der Kernkapitel auf einem höheren Anforderungsniveau angeboten. Diese Aufgaben können zur qualitativen Differenzierung eingesetzt werden.

... mit Strategien

Die Übungshefte RICHTIG Rechtschreiben fokussieren den Kompetenzbereich Schreiben im Hinblick auf grundlegende Rechtschreibphänomene und Rechtschreibstrategien. Individuelle Lernangebote und die Strategievermittlung stehen im Zentrum. So wird den Kindern in jedem Kapitel Raum gegeben, an ihren individuellen Übungswörtern zu arbeiten.

Im Heft für Jahrgang 2 werden vier Rechtschreibstrategien und -regeln eingeführt und geübt:

- Wörter in Silben sprechen
- Nomen und Satzanfänge erkennen und großschreiben
- Verlängern
- Ableiten

Ab Jahrgang 3 werden zwei weitere Strategien eingeführt und geübt:

- Länge des Selbstlautes prüfen
- Merkwörter

In Jahrgang 4 wird noch eine weitere Strategie eingeführt und geübt:

- Wortbausteine

... und Kopiervorlagen zum Testen und Fördern

Verweise auf die passenden Tests zur Diagnose der Lernstände und auf Kopiervorlagen zum Fördern finden sich in den Fußzeilen der Hefte.

Quellennachweis

Seite 12: Verkehrsschild. Hildegard Wohlgemuth, aus: Die Stadt der Kinder, Herausgeber:Hans Joachim Gelberg, Beltz & Gelberg, Weinheim: 1999.